ANIMAUX
DU
LITTORAL

D0745959

Chelsea Donaldson
Texte français de Claudine Azoulay

Éditions Scholastic

L'éditeur a fait tout en son pouvoir pour trouver le détenteur du copyright de toutes les photographies utilisées dans le texte et serait heureux qu'on lui signale toute erreur ou toute omission.

Crédits pour les illustrations et les photos

Couverture, p. i, ii (bordures), iv–1, 3, 5 : © Thomas Kitchin et Victoria Hurst; p. i (centre), 22 : © Roberta Olenick/Never-Spook-the-Animals Wildlife Photography; p. iv : © HotHouse Design Studio; p. 2 : © Index Stock/Maxx Images; p. 4, 8–9, 27, 28 : © Tom et Pat Leeson; p. 6, 44 (en bas) : U.S. Fish & Wildlife Service; p. 7 : © Robert Maier/Animals Animals–Earth Scenes/Maxx Images; p. 10 : © David Wrobel/Visuals Unlimited; p. 12 (en haut) : Norbert Wu/Minden Pictures; p. 12 (en bas): © Richard L. Carlton/Photo Researchers/First Light; p. 14, 16, 17 : © Fred Bavendam/Minden Pictures; p. 18 (en haut) : © Ralph Reinhold/Maxx Images; p. 18 (en bas) : © Rosalie V. Borzik; p. 19, 24 : © age fotostock/Maxx Images; p. 20 : © IFA-Bilderteam/Maxx Images; p. 21 : © Frank Todd/Arcticphoto.com; p. 25 : © blickwinkel/Alamy; p. 26, 34 : © SuperStock/Maxx Images; p. 29 : © Steven Kazlowski/Leeson Photo; p. 30 : (en haut) © Lynn Stone/Animals Animals–Earth Scenes/Maxx Images, (en bas) © A.B. Thomas/Animals Animals–Earth Scenes/Maxx Images; p. 31 : © M. Baird/Ivy Images; p. 32 : © Mark Bowie/Animals Animals–Earth Scenes/Maxx Images; p. 33 : © Ronald Wittek/age footstock/Maxx Images; p. 35, 36–37 : © Ron Niebrugge/Accent Alaska; p. 38 : © David Hoffmann/Accent Alaska; p. 40 : © James Watt/Animals Animals–Earth Scenes/Maxx Images; p. 41 : © Doug Perrine/Pacific Stock/Maxx Images; p. 42–43 : © Michael S. Nolan/age fotostock/Maxx Images; p. 44 (en haut à dr. et en bas, à g.) : National Oceanic and Atmospheric Administration/Dept. of Commerce; 4ᵉ de couverture : © Mark Mandic

Produit par Focus Strategic Communications Inc.
Gestion et édition du projet : Adrianna Edwards
Conception graphique et mise en pages : Lisa Platt
Recherche pour les photos : Elizabeth Kelly

Un merci tout particulier à Bill Freedman de l'Université Dalhousie pour son expertise.

Catalogage avant publication de Bibliothèque et Archives Canada

Donaldson, Chelsea, 1959-
Animaux du littoral / Chelsea Donaldson; texte français de Claudine Azoulay.
(Canada vu de près)
Traduction de : Canada's coastal animals.
ISBN 978-0-545-99737-9
1. Faune littorale--Canada--Ouvrages pour la jeunesse. 2. Faune marine--Canada--Ouvrages pour la jeunesse. I. Azoulay, Claudine II. Titre. III. Collection.
QL122.2.D64514 2007   j591.77'0971   C2007-902755-5

Édition publiée par les Éditions Scholastic, 604, rue King Ouest, Toronto (Ontario) M5V 1 E 1

6 5 4 3 2 1   Imprimé au Canada   07 08 09 10 11

TABLE DES MATIÈRES

Les côtes du Canada

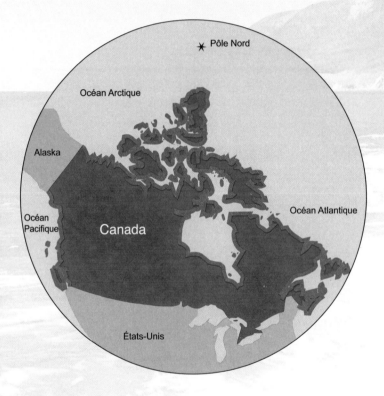

Pôle Nord

Océan Arctique

Alaska

Océan Pacifique

Canada

Océan Atlantique

États-Unis

Les côtes du Canada

Le Canada

Les États-Unis

Bienvenue sur le littoral!

Un littoral est une zone où l'océan et la terre se rencontrent. Le Canada possède le plus long littoral au monde! Nous avons le littoral pacifique à l'ouest, le littoral atlantique à l'est et le littoral arctique au nord.

Les animaux qui habitent notre littoral ont trouvé différents moyens pour évoluer dans ce milieu. Beaucoup d'entre eux passent tout leur temps dans l'eau. Quelques-uns peuvent aller et venir facilement entre la terre et la mer, alors que d'autres vivent aussi bien en eau douce qu'en eau salée. D'autres encore sont capables de voler au-dessus de l'eau et d'y plonger.

Allons découvrir quelques-uns de ces étonnants animaux!

CHAPITRE 1

L'étoile de mer

L'étoile de mer est un animal à l'apparence bizarre. Elle ne possède ni oreilles, ni nez, ni pattes, ni devant, ni derrière... et n'a pas de véritable cerveau. Tu as bien compris : pas de cerveau! Ce serait un problème pour nous, mais l'étoile de mer a réussi à survivre ainsi pendant des millions d'années.

À défaut de cerveau, l'étoile de mer « pense » avec ses bras, aussi appelés branches. Les scientifiques supposent que si l'un des bras détecte de la nourriture, il avertit les autres bras pour qu'ils se dirigent vers la nourriture en question.

Sous chaque bras, il y a des centaines de capteurs semblables à de minuscules tubes. Ils aident l'étoile de mer à se déplacer et à se fixer aux objets. Elle possède aussi des ventouses, qui lui permettent de grimper sur les surfaces lisses.

Une étoile de mer n'a peut-être pas de cerveau, mais elle a une bouche. Celle-ci est située sous son corps, en plein milieu. Ses aliments favoris sont les moules, les myes et les huîtres. Une étoile de mer peut projeter son estomac au complet par sa bouche. L'estomac enveloppe ensuite la proie et... GLOUP!

Les étoiles de mer peuvent être de diverses tailles, formes et couleurs. Les plus petites ont à peu près la taille de l'ongle de ton petit doigt, tandis que les plus grandes mesurent presque autant que tes deux bras étendus!

La plupart des étoiles de mer ont cinq branches, mais certaines espèces en ont quatre, et d'autres, jusqu'à 24. Les étoiles de mer peuvent être roses, violettes, jaunes, et de bien d'autres couleurs.

Si une étoile de mer perd un de ses bras, il en repoussera un nouveau. Certaines espèces peuvent recréer une autre étoile de mer en entier à partir d'un bras. C'est vraiment incroyable de la part d'un animal qui n'a pas de cerveau!

CHAPITRE 2

Le saumon du Pacifique

Les saumons du Pacifique passent la majorité de leur vie dans l'océan. Mais avant de mourir, ils terminent le voyage entrepris à leur naissance.

Les saumons naissent dans l'eau douce des rivières et des ruisseaux pour descendre ensuite jusqu'à la mer. Certains saumons parcourent jusqu'à 1200 km pour y arriver! Des années plus tard, ils refont le voyage en sens inverse pour retourner là où ils sont nés.

Mais en cours de route, les saumons ont changé d'aspect. Ils portent un nom différent à chacun des stades de leur croissance.

Le saumon commence sa vie en automne, sous la forme d'un œuf rose et translucide, enfoui avec d'autres dans le gravier, au fond d'un ruisseau ou d'une rivière. Bientôt, une paire d'yeux apparaît à l'intérieur de l'œuf. Au bout de quelques mois, l'œuf éclôt. Il en sort un petit poisson, un sac orange vif accroché à son ventre. Ce bébé bizarre s'appelle un alevin. Il reste caché dans le gravier, à l'abri des prédateurs.

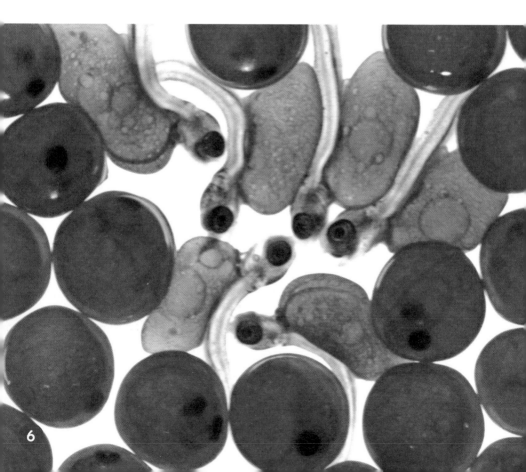

Vers le mois de mai ou juin, le sac orange
a disparu. Le minuscule saumon s'engage
alors dans le cours d'eau et porte le nom de
tacon. Certains tacons vivent dans des lacs
pendant un an, tandis que d'autres se
dirigent directement vers l'océan.

Après qu'il a atteint l'océan, le tacon passe
de trois à cinq ans à se nourrir et à
grandir. Puis, un jour d'été, le saumon
adulte entame son incroyable voyage de
retour vers le cours d'eau où il est né.
Personne ne sait au juste comment il
retrouve son chemin.

Cette fois-ci, le voyage est encore plus difficile parce que le saumon doit nager à contre-courant. En chemin, il doit souvent remonter des rapides et des chutes. C'est épuisant! De plus, le saumon cesse de se nourrir dès qu'il quitte l'océan; il est donc affamé lorsqu'il termine son voyage.

Quand un saumon arrive finalement à son lieu de naissance, il fraie. La femelle pond des centaines d'œufs et le mâle les féconde. Peu de temps après, le mâle et la femelle meurent. Mais les œufs qu'ils ont laissés derrière eux deviennent vite de minuscules alevins... et le cycle recommence.

CHAPITRE 3

L'anguille

Elle est gluante. Elle est glissante. Elle ressemble à un serpent. Elle se cache le jour et sort se nourrir à la noirceur. Durant une nuit d'automne orageuse et sans lune, elle entreprend, avec des milliers de ses semblables, un voyage mystérieux vers les profondeurs cachées de l'océan.

Il n'est pas surprenant que certaines personnes trouvent l'anguille un peu effrayante.
Et pourtant, c'est un poisson étonnant.
Ses habitudes « effrayantes » l'ont aidée à survivre pendant des millions d'années.

Comme le saumon, l'anguille parcourt de longues distances entre la mer et les rivières. Mais elle le fait dans le sens contraire du saumon! L'anguille commence sa vie en mer, puis se dirige vers le littoral.

À l'automne, certaines anguilles adultes se dirigent vers la mer et n'en reviennent plus jamais. Environ six mois plus tard, de jeunes anguilles commencent à arriver sur la côte est. Pendant longtemps, on a ignoré où allaient les anguilles adultes et d'où les jeunes venaient.

Les scientifiques croient maintenant que l'anguille adulte fraie dans la mer des Sargasses, qui se trouve au milieu de l'océan Atlantique. L'anguille pond ses œufs sous l'eau à une profondeur telle que personne ne les a jamais vus. Les scientifiques pensent aussi que l'anguille meurt une fois les œufs fécondés.

Au début, le bébé anguille, ou larve, ressemble à une longue feuille transparente pourvue d'yeux. En grandissant, la larve est emportée par le courant vers le littoral. Elle ressemble alors davantage à une anguille adulte et porte le nom de civelle.

Certaines civelles passent leur vie à l'embouchure des fleuves, où l'eau est en partie salée et en partie douce. D'autres vont dans les rivières intérieures où l'eau est douce.

Les anguilles ne deviennent des mâles ou des femelles que lorsqu'elles atteignent une certaine longueur. Celles qui vivent dans des zones peuplées, où la nourriture est peu abondante, risquent davantage de devenir des mâles. Dans les plus grands cours d'eau, comme le Saint-Laurent, où la nourriture est abondante, presque toutes les anguilles deviennent des femelles, qui sont beaucoup plus grosses que les mâles.

Une fois installée quelque part, l'anguille peut y rester jusqu'à 20 ans. (En Europe, une anguille a vécu plus de 80 ans!) Elle se cache le jour et sort la nuit pour se nourrir d'insectes, d'écrevisses et d'escargots.

Tous les automnes, l'anguille adulte retourne à la mer. Rien ne l'arrête. Par temps pluvieux, sur la terre ferme, elle se joint parfois à d'autres anguilles pour former une boule glissante et rouler vers le plan d'eau le plus proche! Quelle créature étonnante!

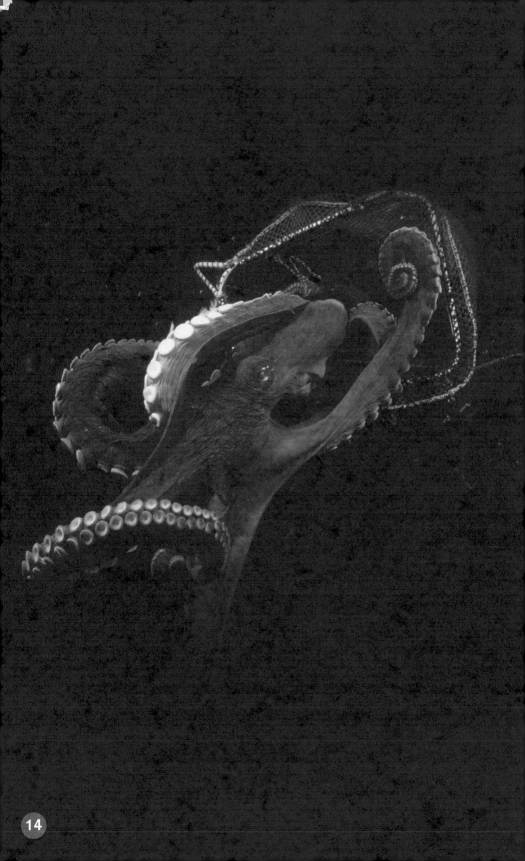

CHAPITRE 4

La pieuvre

La pieuvre est un peu le superhéros du monde marin. Elle est capable de se déguiser en changeant de couleur pour se confondre avec son environnement. Si cette astuce ne fonctionne pas, la pieuvre peut dérouter son ennemi en projetant un nuage d'encre avant de s'esquiver!

Comme la pieuvre n'a pas d'os, elle peut facilement changer de forme. Une pieuvre adulte peut faire passer tout son corps à travers un trou de la grosseur de son œil!

La pieuvre appartient à un groupe d'animaux appelés céphalopodes, ce qui signifie « tête-pieds ». En effet, la tête de la pieuvre est attachée directement à ses pieds, appelés tentacules, sans aucun intermédiaire.

Sachant que son cerveau a autant de place, on s'attendrait à ce qu'une pieuvre soit un animal intelligent. Et c'est bien le cas! Elle peut apprendre rapidement à trouver son chemin dans un labyrinthe. Elle est même capable de dévisser un bocal pour atteindre la nourriture qu'il renferme!

La pieuvre possède un autre talent étonnant. Pour se déplacer, elle aspire de l'eau, qu'elle souffle ensuite violemment. L'eau part dans une direction et la pieuvre est projetée dans l'autre... comme une fusée!

Une pieuvre ne possède pas qu'un seul cœur, mais trois! Deux envoient le sang dans les branchies, tandis que l'autre le fait circuler dans le reste du corps. Savais-tu que le sang de la pieuvre n'est pas rouge, mais bleu?

On trouve des pieuvres dans tous les océans du monde. La plus grande est la pieuvre géante du Pacifique. Elle peut mesurer jusqu'à 7,5 mètres de long, d'un bout à l'autre de ses bras déployés. C'est presque la hauteur d'une maison à deux étages! Cet animal géant commence sa vie sous la forme d'un œuf minuscule. La pieuvre femelle pond des milliers d'œufs dans une crevasse rocheuse. Elle les suspend aux parois et les nettoie en les aspergeant d'eau. Quand les œufs éclosent, les pieuvres sont si petites que la plupart d'entre elles sont happées au passage par les poissons. Celles qui survivent continuent à grossir… jusqu'à ce qu'elles soient plus grosses que les poissons.

CHAPITRE 5

Le macareux moine

Le macareux moine est aussi appelé « perroquet des mers », en raison de ses couleurs éclatantes. En été, on reconnaît facilement le macareux à son bec multicolore, sa face blanche et ses pattes orange vif.

En hiver, le macareux n'est pas aussi spectaculaire. Son bec perd sa couleur et le contour de ses yeux noircit. Les plumes de sa tête et de son cou se raréfient. Le macareux change tellement en hiver qu'on a d'abord cru qu'il s'agissait de deux espèces d'oiseaux différentes!

Bien qu'il ait des ailes, le macareux ne vole pas très bien. À cause de ses ailes courtes et de son corps arrondi, il a de la difficulté à prendre son envol. Il est obligé de battre des ailes de 300 à 400 fois par minute pour pouvoir rester dans les airs. Et quand il se pose, il fait souvent une culbute, renversant au passage d'autres macareux!

Le macareux est beaucoup plus à l'aise sur et dans l'eau. Ces mêmes ailes courtes sont bien adaptées à la nage et son corps trapu a la forme idéale pour se déplacer rapidement dans l'eau. Il se sert de ses pattes palmées pour se diriger.

Les macareux doivent être bons nageurs car ils vivent en mer en solitaires, pendant tout l'hiver. Au printemps, ils reviennent en grand nombre sur quelques îles et falaises le long du littoral Atlantique. Pendant quelques semaines, les macareux sont incapables de voler parce qu'ils perdent leurs plumes et revêtent leur habit d'été.

Après quoi, la fête commence! Les jeunes mâles présentent tout un spectacle aux femelles. Ils gonflent leur poitrine, battent des ailes et secouent leur tête colorée. Quand un macareux se trouve un ou une partenaire, les deux se montrent leur affection en se becquetant. Ils balancent la tête d'un côté et de l'autre, et se tapotent le bec.

Les couples de macareux restent ensemble tout l'été. Ils creusent un terrier dans les collines herbeuses à l'aide de leur bec et de leurs griffes, ou bien cherchent un ancien terrier. Dans les régions plus froides, où le sol est gelé, ils peuvent nicher dans des fissures le long des falaises, ou dans des amas de roches.

La femelle pond un œuf unique que les deux parents couvent pendant environ 40 jours. Quand l'œuf éclôt, les parents s'assoient à côté de l'oisillon et le tiennent au chaud sous une aile. L'oisillon est une mignonne boule de duvet gris-noir.

L'oisillon reste dans le nid de 40 à 80 jours de plus. Ses parents se relaient pour lui apporter à manger et le protéger des prédateurs. À mesure que l'oisillon grandit, son duvet est remplacé par des plumes semblables à celles de ses parents.

Puis, une nuit, le jeune macareux quitte le nid et s'élance courageusement vers le large pour son premier vol. Comme ses parents, le jeune macareux passe l'hiver en mer. Mais au printemps suivant, il retourne à l'endroit où il est né.

CHAPITRE 6

Le grand cormoran

Au Canada, il existe quatre espèces de cormorans. Le plus gros est le grand cormoran. Il vit sur le littoral de l'océan Atlantique.

Comme le macareux, le cormoran est adapté à la vie aquatique. Il possède un long bec crochu, bien utile pour attraper les poissons, et des pattes palmées qui l'aident à nager.

Comme son plumage laisse sortir l'air et entrer l'eau, le cormoran peut donc plonger vite et facilement sous l'eau. Ses plumes s'alourdissent sous le poids de l'eau de sorte que, lorsque l'oiseau flotte, seule sa tête sort de l'eau.

Les cormorans se perchent souvent sur des
arbres ou des rochers, les ailes déployées
pour les faire sécher, de manière à pouvoir
ensuite s'envoler.

Les cormorans aiment nicher en groupe.
Ils préfèrent les falaises rocheuses
abruptes et les îles au large des côtes.
Leur environnement semble peu hospitalier,
mais ces endroits difficiles d'accès les
gardent à l'abri des prédateurs terrestres.

Les cormorans font leur nid avec des
branches. La mère et le père le tapissent
ensuite d'algues, d'herbe et d'autres
matériaux. Ils s'occupent des
œufs, à tour de rôle. Au lieu
de les couver, le parent
place les œufs sur ses grandes
pattes palmées et les couvre
avec son ventre.

Une fois les œufs éclos,
la famille reste ensemble
pendant deux ou
trois mois,
jusqu'à ce que
les oisillons
soient
capables
de se
débrouiller
seuls.

CHAPITRE 7

La loutre de mer

La loutre de mer fait quasiment tout dans l'eau. Elle se nourrit, chasse et fait sa toilette sans jamais poser une patte sur la terre ferme. Elle dort même dans l'eau. La position préférée de la loutre de mer, c'est flotter sur le dos, les pattes croisées et le menton posé sur la poitrine!

Bien entendu, pour être capable de vivre ainsi, il faut être spécialement équipé. Par exemple, la loutre de mer possède des reins qui lui permettent de boire de l'eau salée.

La loutre de mer peut rester sous l'eau pendant plus de deux minutes. Elle a besoin d'y rester suffisamment longtemps pour attraper de la nourriture.

La fourrure de la loutre est ce qui est le plus important pour sa survie en milieu aquatique. Comme elle a peu de graisse, la loutre compte sur sa fourrure pour lui tenir chaud. Sa fourrure est si épaisse et si imperméable que la peau de la loutre ne se mouille jamais!

Sachant combien son pelage est important, il n'est pas étonnant que la loutre de mer passe beaucoup de temps à en prendre soin. Elle le lèche continuellement pour le garder propre. Elle souffle aussi dessus, ce qui crée une couche d'air entre sa peau et l'eau froide.

La loutre de mer doit manger beaucoup pour se tenir au chaud. Elle peut dévorer jusqu'à 15 kg de nourriture par jour! Son menu comprend des myes, des moules, des escargots, des crabes et d'autres créatures marines. Pour trouver de la nourriture, la loutre tâte le fond de la mer avec ses pattes de devant. Elle remonte ensuite sa prise à la surface, s'allonge sur le dos et se sert de son ventre en guise de table!

À part l'être humain, bien peu d'animaux se servent d'outils. La loutre en est un. Elle utilise souvent une pierre pour briser la coquille dure d'une mye ou d'un crabe.

Les loutres sont des animaux sociables. Elles vivent en groupes appelés colonies. Parfois, les membres d'une colonie se tiennent par les pattes pour rester proches les uns des autres. Les jeunes loutres forment le contour du groupe. Plus près du centre se trouvent les mâles reproducteurs. Les femelles et leurs petits sont regroupés tout au centre.

Un bébé loutre naît dans l'eau, mais il est incapable de nager pendant ses premières semaines. Son doux pelage lui sert de gilet de sauvetage en lui permettant de flotter. La plupart du temps, la mère garde son petit sur son ventre. Elle prend bien soin de lui jusqu'à ce qu'il soit capable de se débrouiller tout seul.

CHAPITRE 8

L'otarie

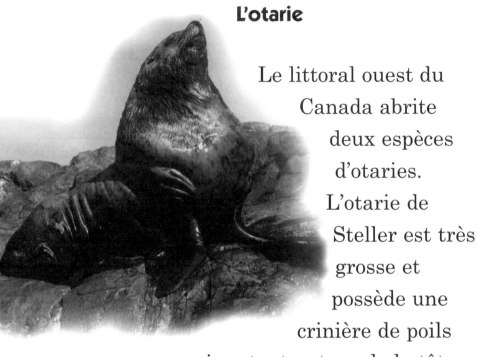

Le littoral ouest du
Canada abrite
deux espèces
d'otaries.
L'otarie de
Steller est très
grosse et
possède une
crinière de poils
grossiers tout autour de la tête.

L'otarie de
Californie est
plus petite et
n'a pas de
crinière.
Elle est très
enjouée et
facile à
dresser.

Les deux espèces d'otaries ressemblent beaucoup à leurs cousins, les phoques. Cependant, on peut les distinguer facilement, rien qu'en regardant leurs oreilles. Seules les otaries possèdent des oreilles externes de chaque côté de la tête.

Une autre différence est leur façon de se déplacer sur terre. Les otaries peuvent se servir de leurs nageoires pour se propulser en avant. Les phoques doivent se traîner par terre en ondulant pour avancer.

Les otaries sont très sociables. On les trouve souvent rassemblées en grands groupes. Et elles sont vraiment bruyantes! Elles aboient, rugissent, barrissent et font en général tout un vacarme.

En été, les mâles les plus gros rassemblent jusqu'à 15 femelles et leurs petits pour former une grande « famille ». Ils rugissent pour avertir les autres mâles de ne pas s'approcher. Bien souvent, le mâle est tellement occupé à protéger sa famille qu'il peut rester jusqu'à deux mois sans manger. À la fin de l'été, le pauvre est épuisé!

Même au milieu de tout le bruit,
une jeune otarie sait
reconnaître la
voix de sa mère.
C'est une bonne
chose car elle
dépend de sa
mère pour son
alimentation et
sa protection.
Pendant ses
premières
semaines de vie,
un bébé otarie
n'est même pas
capable de nager.

Une fois qu'elle est plus vieille,
l'otarie adore l'eau. Elle est capable de
retenir son souffle jusqu'à 40 minutes
et peut plonger jusqu'à 180 mètres de
profondeur. C'est presque la longueur de
deux terrains de football mis bout à bout!

Il fait très sombre dans les profondeurs de la mer. Alors, l'otarie se fie davantage au toucher qu'à la vue pour trouver des poissons, des calmars, des crabes, des pieuvres et des myes. Quand un casse-croûte passe devant une otarie, les moustaches flexibles de cette dernière perçoivent les ondulations créées dans l'eau.

Bizarrement, l'otarie avale souvent aussi des cailloux. On ignore pourquoi elle le fait. Est-ce que les cailloux l'aident à plonger plus vite? Ou bien l'otarie les confond-elle avec de la nourriture? Qu'en penses-tu?

CHAPITRE 9

Le marsouin de Dall

Qu'est-ce qui est noir et blanc, et nage dans tous les sens? Dans l'océan Pacifique Nord, ce pourrait être le marsouin de Dall, avec son corps noir et trapu, et ses marques blanches.

Le marsouin de Dall est le marsouin le plus gros et le plus rapide au monde. Il nage souvent à côté ou autour des bateaux; on le reconnaît au jet d'eau qu'il projette dans les airs et qui ressemble à une queue de coq. Le marsouin de Dall aime aussi aller et venir en zigzaguant, avec une telle rapidité qu'il est difficile de le suivre.

Le marsouin est très intelligent. Il converse avec les autres marsouins en utilisant des sifflements très perçants. Ils sont tellement aigus que l'oreille humaine est incapable de les percevoir.

Pour trouver son chemin, le marsouin ne se sert pas autant de ses yeux que nous le faisons. Il utilise plutôt le son. Le marsouin émet des cliquetis. Les sons parcourent l'eau et se répercutent sur des objets durs, qui renvoient leur écho. En percevant ces échos, le marsouin est en mesure d'évaluer la distance et la forme des objets. C'est ce qu'on appelle *l'écholocation*.

Les marsouins aiment voyager en groupes
appelés colonies. La plupart du temps,
une colonie compte de 10 à 20 marsouins.
On voit parfois jusqu'à 200 marsouins se
rassembler au même endroit pour se
nourrir... ce qui crée tout un embouteillage!

Le seul moment où un marsouin s'isole,
c'est pour donner naissance à un petit.
Une femelle marsouin porte son bébé dans
son ventre pendant une année entière.
Après la naissance, la mère allaite son petit
pendant deux ans et reste isolée du reste de
la colonie.

Le marsouin n'est pas un poisson. C'est un mammifère et il doit respirer comme nous. Pourtant, il peut retenir son souffle beaucoup plus longtemps que nous. Et il est capable de plonger à une profondeur beaucoup plus grande pour trouver les calmars, les sardines, les harengs et les autres petits poissons dont il se nourrit.

Quand un marsouin remonte à la surface, il prend une profonde inspiration, mais pas par la bouche. Le marsouin respire par un évent situé sur le dessus de sa tête. Il ne doit pas oublier d'aspirer, sinon l'évent restera fermé!

CHAPITRE 10

Le rorqual à bosse

Comme toutes les baleines, le rorqual à bosse est un gros animal. Gros comment? Eh bien, le cœur d'un rorqual à bosse pèse à lui seul autant que trois humains adultes. Oui, oui, c'est aussi gros que ça!

Et pourtant, sa grande taille ne l'empêche pas d'être un excellent acrobate. Souvent, le rorqual à bosse saute hors de l'eau, fait une pirouette dans les airs et retombe dans un grand éclaboussement. Ou bien il sort la tête hors de l'eau jusqu'aux yeux et observe les alentours.

Le rorqual à bosse nage aussi sur le côté, les nageoires à la verticale. Parfois, il frappe l'eau violemment avec sa queue ou une nageoire. On ne sait pas au juste ce que ces comportements signifient, mais le rorqual a l'air de bien s'amuser!

Le baleineau naît en hiver quand les rorquals à bosse se trouvent dans les eaux plus chaudes du sud. En général, une femelle donne naissance à un seul baleineau tous les deux ou trois ans. Un bébé rorqual peut boire presque 600 litres de lait par jour!

Une femelle et son baleineau sont très attachés l'un à l'autre. Ils restent ensemble pendant au moins un an, et parfois plus longtemps. On peut voir une mère et son baleineau même devenu adulte en train de se nourrir ensemble.

Le rorqual à bosse se nourrit de petits poissons et de minuscules créatures marines appelées krill. Il peut manger à lui seul plus de 2000 kg de nourriture en une journée. Ça représente beaucoup de krill!

C'est pour cette raison que les rorquals à bosse ont mis au point des techniques astucieuses pour attraper des poissons, notamment la pêche au filet de bulles. Un groupe de rorquals se rassemble sous un banc de poissons. Ils nagent en cercle, en soufflant un mur de bulles vers le haut. Pris au piège, les poissons sont obligés de remonter à la surface. Il ne reste plus aux rorquals qu'à n'en faire qu'une bouchée!

Le rorqual à bosse est réputé pour ses chants. Quand il est dans les eaux du Sud, il produit des chants longs et mystérieux, qu'on peut entendre à des centaines de kilomètres à la ronde.

On ne sait pas au juste à quoi servent ces chants. Puisque seuls les mâles semblent chanter, il pourrait s'agir d'un appel à l'accouplement. Ce que nous savons maintenant, c'est que les rorquals à bosse qui vivent dans la même zone ont un chant semblable. Le chant des rorquals de l'Atlantique est différent de celui des rorquals du Pacifique. Ce chant est agréable à écouter... même si l'on n'est pas un rorqual!

Ils nagent...

ils volent...

ils flottent...

ils plongent...

Les animaux de notre littoral sont adaptés à leur milieu. Certains passent avec facilité de l'eau à la terre, d'autres de la chaleur au froid ou encore de l'eau salée à l'eau douce.

Les animaux du littoral canadien sont remarquables!